AF509664

LA GRANDE BOURSE

ET

LES PETITES BOURSES,

A-PROPOS VAUDEVILLE EN UN ACTE,

DE MM. CLAIRVILLE ET FAULQUEMONT,

Représenté pour la première fois à Paris, sur le théâtre du Vaudeville, le 8 Novembre 1845.

PERSONNAGES	ACTEURS.
GOBERGEOT, employé..	M. LECLERC.
AMÉNAIDE, sa femme..	Mme LECOMTE.
COLOMBE, leur fille...	Mlle DURAND.
LOULOU, leur fils, âgé de 5 ans......................................	Le petit DUBLEIX.
DUTILLET, provincial prétendu de Colombe..........................	M. LIENARD.
CAROTTIN, courtier..	TÉTARD.
ROBIN, portier..	B LÉON.
FRANÇOISE, domestique de Gobergeot................................	Mlle FRANTZ.
UN COMMISSIONNAIRE..	M. LANSOY.

(La scène se passe chez Gobergeot.)

Le théâtre représente un salon de modeste apparence, deux armoires l'une à droite, l'autre à gauche, porte au fond, portes latérales, petite porte dérobée à l'avant-scène, côté gauche.

SCÈNE PREMIÈRE.

LOULOU, seul.

(Il est assis dans un fauteuil, et se trouve entièrement caché par un grand journal. — Lisant sans être vu du spectateur.)

Ligne d'Astracan à Pékin.... Ligne du Kamschatska à Carcassonne... Ligne... *(Se découvrant.)* Y en a t'y d'ces lignes de chemins de fer, presqu'autant que de lignes dans le journal, et beaucoup plus que de lignes d'omnibus... Et dire que papa veut que ce soit là-dedans que j'étudie...

Air : *Quand Vénus sortit de l'onde..*

Papa qui toujours me gronde.
M'a dit de lire le *Monde*,
Ce nouveau journal qui doit
Parler d'un chemin tout droit
De Paris à Trébisonde ;
Mais, moi, je le cherche en vain,
J'ai beau parcourir le monde,
Je n'peux pas trouver mon ch'min !

Cherchons encore... comme c'est amusant ! j'aimerais mieux jouer aux billes.. *(Il se replonge dans son journal qui le cache entièrement.)*

SCÈNE II.

LOULOU, DUTILLET.

Comment ! personne en bas, personne en haut, personne ici... Et cette porte ouverte. Est-ce que Paris aurait émigré comme feu Moscou ?

LOULOU.

Je le tiens... je tiens mon chemin de fer !

DUTILLET.

Ah ! enfin !.. je trouve à qui parler... pardon mon petit ami...

LOULOU.

Tiens, c'est M... M... chose .. comment donc ?..

DUTILLET.

Dutillet.

LOULOU.

C'est ça !

DUTILLET.

J'ai bien fait de monter au hasard, car votre portier n'était pas dans sa loge.

LOULOU.

Il est à la Bourse.

DUTILLET.

A la Bourse, un portier?.. Et votre bonne, je ne l'ai pas aperçue davantage...

LOULOU.

Elle est à la Bourse.

DUTILLET.

Votre bonne, aussi... Alors, mon petit ami, veuillez m'annoncer à votre papa.

LOULOU.

Il est à la Bourse.

DUTILLET.

Ah! ça, tout Paris est donc à la Bourse.... au moins mademoiselle votre sœur..

LOULOU.

Colombe est sortie après papa et maman... sans doute pour aller à la Bourse.

DUTILLET.

Ah! c'est jouer de malheur... moi qui arrive de Château-Chinon...

LOULOU.

Par le chemin de fer?

DUTILLET.

Du tout, par les pataches... trente lieues en trois jours... oh! nous avons été un train d'enfer!

LOULOU, *riant.*

Eh! eh! eh!

DUTILLET.

De quoi riez-vous, mon jeune ami?

LOULOU.

Je ris des patages.

DUTILLET.

Vous êtes bien heureux de pouvoir en rire... moi j'en ai conservé un lombago désagréable. (*On entend Carottin fredonner dans la coulisse.*) Quel est ce ténor enrhumé?

LOULOU.

Ah! c'est M. Carottin, le courtier de la Bourse.

DUTILLET.

Encore la Bourse!., nous n'en sortirons donc pas?..

SCENE III.

LES MÊMES, CAROTTIN.

CAROTTIN, *entrant.*

Air :

Je vole   (*bis*)
Plus rapide qu'Eole,
Je vole   (*bis*)
Ne m'arrêtant jamais.

(*Apercevant Dutillet. — Parle.*) Ah! mille pardons,

monsieur, je ne vous voyais pas... il ne faut pas m'en vouloir...

Toujours, toujours en course
Je ne marche plus; mais
Du trésor à la Bourse,
Et partout où je vais
Je vole etc.

DUTILLET, *à part.*

Diable! diable! diable! je me méfierai de ce gaillard-là.

CAROTTIN, *à Loulou.*

Ah! bonjour, moutard, où est le papa Gobergeot? pas une minute à perdre... ça chauffe, mille wagons! il me faut sa signature à l'instant même... Une affaire colossale... un projet gigantesque... Napoléonien. Du Caire à Calcutta, en passant par le Darfour, embranchement sur l'Ithsme de Suez... On s'arrache les promesses d'actions... Dans deux heures, peut-être, il ne sera plus temps. (*A Dutillet, lui offrant des actions.*) Si monsieur est amateur?..

DUTILLET.

Non, non, je ne suis pas amateur, je suis provincial, j'arrive en droite ligne de Château-Chinon.

LOULOU.

Par les pataches.

CAROTTIN.

Les pataches, mille chaudières! est-ce qu'il y en a encore?

DUTILLET.

Il y en a peu, mais elles sont bien incommodes.

CAROTTIN.

Et monsieur retourne-t-il en Tourraine?

DUTILLET.

Non, monsieur, je me fixe à Paris.

CAROTTIN.

Comme tous les provinciaux, pour y faire fortune, sans doute?

DUTILLET.

Je n'ose espérer... J'ai quitté mon pays sur la foi d'une promesse...

CAROTTIN.

D'actions?..

DUTILLET.

Non, monsieur, de mariage...

CAROTTIN.

De mariage?.. je ne connais pas ce capitaliste.... Et quelle ligne prétendez-vous suivre?

DUTILLET.

Celle de l'honneur et de la probité, monsieur: je n'ai pour vivre à Paris que les vingt mille francs que mon parrain, le sonneur de la paroisse, m'a laissés en mourant.

CAROTTIN.

Vingt mille francs, peste!..

DUTILLET.

Mais avec du travail, de l'économie et de la persévérance...

CAROTTIN.

Le travail, l'économie, la persévérance.... vieux mots, vieilles idées! radotage des sots et des poltrons, parce qu'il leur manque le génie qui conçoit, l'audace qui exécute. Mon jeune ami... permettez-moi de vous donner ce nom... vous m'avez gagné le cœur... vous n'êtes pas fait, croyez moi, pour croupir dans un bureau, ou végéter dans un comptoir....

DUTILLET.

Mais si, mais si .

CAROTTIN.

Ce qu'il vous faut, c'est un hôtel, un tilbury...

DUTILLET.

Mais non, mais non.

CAROTTIN.

Laissez-vous guider par mes conseils... et d'abord, connaissez-vous la Bourse ?

DUTILLET.

Beaucoup... de réputation.

CAROTTIN.

La Bourse, mon cher, la Bourse, c'est l'antichambre de la fortune, c'est la grande artère, c'est le cœur de la société moderne, et si vous en doutez encore, jetez les yeux autour de vous.

Air : *Nouveau de M. Doche.*

Tout est changé dans le siècle où nous sommes :
De ses travers, chacun s'est corrigé.
Les préjugés, les doctrines, les hommes,
Les lois, les temps, les mœurs, tout est changé.

Ce fut d'abord l'époque dérisoire
Des titres vains dont nous rions encor;
Puis on vécut au soleil de la gloire :
Mais à présent, c'est le siècle de l'or.

L'or est un dieu plus puissant que les autres,
Puisqu'il a fait des miracles partout ;
Nous, les courtiers, nous sommes ses apôtres,
Et nous prêchons pour ce Dieu qui peut tout.

Oui, du Pactole on a trouvé la source
Où vont puiser le riche et l'indigent,
Notre seul temple, aujourd'hui c'est la Bourse,
Notre seul cri: de l'argent ! de l'argent !

Tous les grands noms restent dans les ténèbres,
Rien n'est puissant, rien ne brille que l'or,
Fait, qui le veut, des actions célèbres,
N'a pas qui veut des actions du Nord !

Ce beau dandy qui fait tant de poussière,
Dont la voiture écrase les passants,
C'est un valet qu'on vit grimper derrière,
Et que la Bourse, hier, a mis dedans.

Voyez d'ici, cette belle sourire,
La croyez-vous sensible à votre amour ?
Non, elle vient de vous entendre dire :
J'ai vingt coupons de Paris à Strasbourg.

Bref l'univers nageant dans le Pactole
Régénéré, prend un nouvel essor;
Et nous verrons briller son auréole ,
Quand il sera sorti de son bain d'or.

Tout est changé dans le siècle où nous sommes :
De ses travers, chacun s'est corrigé.
Les préjugés, les doctrines, les hommes,
Les lois, les temps, les mœurs, tout est changé !

DUTILLET.

Je n'ai pas compris; mais il est impossible de mieux parler. Voyez-vous, Monsieur, je suis franc, vous parleriez comme ça jusqu'à demain que je ne vous comprendrais pas davantage ; mais ça me ferait un grand plaisir.

CAROTTIN.

Sans doute, il suffit que je me comprenne, et que je me charge de votre fortune... confiez-moi vos capitaux, vous n'aurez plus à vous en occuper.

DUTILLET.

Mais, Monsieur, je tiens à cette occupation.

CAROTTIN.

Je veux dire que je les doublerai, triplerai, quadruplerai ..

DUTILLET.

Pardon, Monsieur, mais je ne connais rien aux affaires de la Bourse.

CAROTTIN.

Eh ! Monsieur, vous y viendrez avec moi, je vous mettrai au courant, vous seconderez mes opérations, et pendant que j'attaquerai le parquet, vous travaillerez la coulisse...

DUTILLET.

La coulisse!... la Bourse est donc un théâtre?...

CAROTTIN.

Pas précisément... quoiqu'on y rencontre beaucoup de comédiens.

DUTILLET.

Eh ! bien, monsieur, je ne dis pas... mais il faut auparavant que j'en parle à M. Gobergeot.

CAROTTIN.

A merveille!.. Veuillez me suivre à la Bourse; puisqu'il n'est point ici, nous sommes bien sûrs de le trouver là.

DUTILLET.

Eh! bien, ça va. Je ne serai pas fâché de connaître cette fameuse Bourse.

CAROTTIN.

Air :

Lorsqu'ensemble nous jouerons,
Oui, votre fortune est sûre.
Il faut que je vous procure
Des promesses d'actions.

DUTILLET.

Des promesses ?..

CAROTTIN.

C'est bien connu.
Elles doubleront vos richesses.

DUTILLET.

Ainsi, Monsieur c'est convenu,
Vous me promettez...

CAROTTIN.

Des promesses.

ENSEMBLE.

CAROTTIN, DUTILLET.

Lorsqu'ensemble, nous jouerons,
Je crois ma fortune sûre,
Et surtout s'il me procure
Des promesses d'actions.

(Ils sortent.)

SCÈNE IV.

LOULOU, *seul.*

Me v'là encore seul, c'est ennuyant; je veux aller à la Bourse aussi nà! j'trouv'rai peut-être une action, et je la vendrai tout de suite comme fait papa... Mais la maison qui va rester toute seule... ah! tant pis, j'vas à la Bourse. *(sortant en sautant.)* J'vas à la Bourse.

(Il sort par le fond.)

SCÈNE V.

AMÉNAÏDE *seule, entrant par une petite porte à l'avant scène gauche de l'acteur.*

Personne.. mon mari n'est pas rentré... heureux hasard... vite cette reconnaissance dans cette armoire... à la place de son manteau et de son habit que je viens de mettre ailleurs, rue des Blancs-Manteaux... Ah! c'est mal peut-être, c'est bien mal... mais il m'en fallait à tout prix, et j'en ai eu... j'ai eu dix actions de l'enceinte continue. — Ce nouveau projet de chemin de fer qui doit conduire des Batignoles à Vaugirard, en passant par Charenton ; c'est qu'un peu plus tard, je n'en avais plus ; tout allait être enlevé.

Air : *de l'Apothicaire.*

Chez le célèbre Fisch-ton-Kan
Un banquier, Chinois d'origine.
Depuis ce matin vainement
Je me dépite, me chagrine.
Ce fut, touché de mes douleurs
Que ce banquier, la bonté même,
En me voyant verser des pleurs,
Me dit : Versez votre dixième.

Et les voici, je les tiens; trente actions de l'enceinte continue! *(sautant.)* Oh! quelle joie! quel bonheur! quelle fortune!... Mais, où est ma fille?... où donc est Loulou?. *(appelant.)* Colombe! Loulou! Françoise!... Comment! est-ce que la maison est déserte?

GOBERGEOT.

Voulez-vous bien marcher plus vite, petit drôle!

AMÉNAÏDE

Mon mari!.. pourvu qu'il ne s'aperçoive pas.....

SCÈNE VI.

AMÉNAÏDE, GOBERGEOT, LOULOU.

GOBERGEOT, *entrant en tenant Loulou par l'oreille.*
Que ça vous arrive encore, polisson.

AMÉNAÏDE.

Qu'avez-vous, mon ami?

GOBERGEOT, *à part.*

Ciel! Aménaïde!.. *(haut.)* Ah! c'est toi, ma bonne amie, figure-toi que je viens de rencontrer M. Loulou qui s'en allait à la Bourse.

AMÉNAÏDE.

A la Bourse?

LOULOU, *pleurant.*

Tiens, j'veux jouer aussi, moi, nà!

GOBERGEOT.

A-t-il des dispositions... est-il précoce... mais il est trop précoce... Rentrez, monsieur, et que je ne vous y reprenne plus.

LOULOU, *rentrant à gauche.*

Ah! que c'est ennuyeux de n'être pas grand.

AMÉNAÏDE.

Mais Françoise... mais Colombe, où sont-elles?
(Elle remonte et disparaît un moment.)

GOBERGEOT, *à part.*

Vite, ce papier dans cette armoire... pauvre Aménaïde!... si elle se doutait...

AMÉNAÏDE, *rentrant.*

Personne à la cuisine, personne nulle part.

GOBERGEOT, *à part.*

Ne lui parlons ni du banquier chinois, ni de son cachemire des Indes.

AMÉNAÏDE

Et vous-même, mon ami, d'où venez-vous donc?

GOBERGEOT.

Je viens de me procurer des sous-Paris... vingt-cinq coupons au pair... c'est une fortune.

AMÉNAÏDE.

Des sous-Paris?..

GOBERGEOT.

Oui, un chemin de fer dans les catacombes, coupe prise sur la rue Amelot et les boulevarts.

depuis celui des Capucines jusqu'à Bonne-Nouvelle.

AMÉNAÏDE.

Et vous vous êtes procuré des actions ?...

GOBERGEOT.

Vingt-cinq promesses, rien que cela... c'est un bénéfice immense... mais cette lettre que je viens de recevoir... sans doute encore quelques nouveaux projets... je souscrirai, voyons

AMÉNAÏDE, *remontant et appelant.*

Colombe! Françoise!... C'est étrange!... que sont-elles devenues?...

GOBERGEOT, *qui vient d'ouvrir la lettre.*

Que vois-je? de mon chef de bureau.

AMÉNAÏDE.

J'ai remarqué que Colombe s'absentait souvent.

GOBERGEOT, *qui lisait avec agitation.*

Le cuistre! le paltoquet!

AMÉNAÏDE.

Qu'est-ce donc?

GOBERGEOT.

C'est inimaginable! parce que je me suis absenté trois mois, me dire que je néglige mon bureau; que si cela continue on sera obligé de pourvoir à mon remplacement... Mais, mon Dieu! où allons-nous? qu'est-ce que devient cette pauvre liberté individuelle, je vous le demande! Au surplus, c'est une occasion pour lui de placer le jeune Horace, le cousin de sa femme.

Air : *Un homme pour faire un tableau.*

> Pendant qu'il est à son bureau,
> Soir et matin, le jeune Horace
> En qualité de jouvenceau,
> Près de sa femme le remplace.
> Mon renvoi l'en délivre enfin,
> Et de suite, il aura sans peine,
> Donné ma place à son cousin
> Pour qu'il ne prenne plus la sienne.

(On entend le bruit d'une dispute en dehors.)

AMÉNAÏDE.

Quel est ce bruit?.. on dirait la voix du portier.

GOBERGEOT.

M. Robin, oui, c'est moi qui l'ai fait demander pour un renseignement.

SCÈNE VII.

LES MÊMES, ROBIN.

ROBIN, *à la cantonade.*

Plus souvent que je les balaierai davantage vos escaliers.. Est-ce que vous vous... fichez de moi, par exemple !

AMÉNAÏDE.

À qui donc en avez vous?

ROBIN.

À ce cornichon de propriétaire qui m'invective, sous prétexte que mes escaliers sont pleins de trognons de pommes. Mais, comme je lui ai dit : monsieur au jour d'aujourd'hui, grâce aux chemins de fer, tous les hommes sont *égal*... J'ai du sur les toits, j'ai du sur les toits, et un portier qui a du sur les toits, n'est pas fait pour tirer le cordon de votre baraque.

GOBERGEOT.

Tu lui as dit cela ?

ROBIN.

Ce langage convenait à un homme de bourse.

AMÉNAÏDE.

Et que vous a-t-il répondu?

ROBIN.

Il m'a répondu : je vous chasse! (*Remontant.*) mais tant mieux !

Air : *d'Henri Quatre en famille.*

> Le temps n'est plus des anciens préjugés :
> Tous les portiers se font actionnaires ;
> Si par le ciel nous sommes protégés.
> Bientôt tous les portiers seront propriétaires,
> Plus d'un Crésus qui montre sa maison,
> En se disant d'une origine ancienne,
> A commencé par tirer d'une main le cordon
> D'une maison qui n'était pas la sienne !

GOBERGEOT.

Il a raison, cette noble fierté m'électrise.... Sommes-nous, en effet, à une époque de barbarie; sommes-nous des esclaves?.. vivons-nous dans un pays de serfs?..

AMÉNAÏDE.

Mon mari!..

GOBERGEOT.

Laisse-moi, Aménaïde, laisse-moi... Il est temps vois-tu d'humilier l'orgueil de ces gens qui se croient au-dessus de nous, parce que nous sommes au-dessous d'eux... ah! monsieur, mon chef de bureau, vous vous êtes dit sans doute : Tiens! tiens! tiens! je ne vois pas Gobergeot... où donc est Gobergeot?.. Est-ce qu'il se permet de se reposer cet esclave ; vite une lettre à ce pas grand chose... traitons-le comme un rien du tout, et nous verrons ce qu'il osera répondre... Ce que j'oserai répondre... attends, attends! (*Se mettant à son bureau.*) Tu vas le savoir mon bonhomme.... je vais l'écrire de la bonne encre... à bas, les chefs de bureaux !

ROBIN.

À bas, les propriétaires.

GOBERGEOT.

Vive la liberté !

ROBIN.

Et l'égalité dans la société.

SCÈNE VIII.

LES MÊMES, FRANÇOISE.

FRANÇOISE, *entrant avec des actions.*

J'ai du Crapouillard! j'ai du Crapouillard!

AMÉNAÏDE.

Ah! enfin, vous voilà donc? d'où sortez-vous?
mademoiselle, et me direz-vous pourquoi rien
n'est encore en train pour le dîner à deux heures?

FRANÇOISE.

Le dîner?.. Vous croyez peut-être que je vais
aller au marché, que je vais salir mes doigts à faire
la cuisine... plus souvent!

AMÉNAÏDE.

Plus souvent?

FRANÇOISE.

Le marché, fi, donc! la cuisine fi, donc! la do-
mesticité, fi donc! non non, je vais être riche,
cossue, distinguée... j'ai eu des actions de la société Crapouillard et compagnie...

TOUS.

Des actions Crapouillard!..

FRANÇOISE.

Un nouveau chemin de fer de Périgueux à Carcassonne, en passant par Landernau, avec embranchement sur Villers-Cotterets.

ROBIN.

La magnifique affaire.

FRANÇOISE.

Air *De Marianne.*

Je ne veux plus être servante.

AMÉNAÏDE.

Vous devez m'accorder huit jours.

FRANÇOISE.

Je fournirai ma remplaçante.
Et de ce pas même, je cours
    Trouver Denyse,
    Une payse,
    Avec Jeann'ton
Qu'est aussi d'mon canton :
    Bonn's et gentilles
    Ces deux jeun's filles
    Quittent l'pays
Pour servir à Paris.
Or nous aurons, chacun la nôtre,
Chacun la nôtre : c'est au mieux!
Vous choisirez l'une des deux,
Et moi, je prendrai l'autre.

GOBERGEOT.

Comment? ma bonne qui prend une bonne.

ROBIN.

Elle a raison ; ça me décide à prendre un portier.
.O siècle de progrès! siècle étourdissant! c'est que
c'est vrai! voilà où nous allons, nous irons même plus
oin... il n'y a plus de raison pour qu'on s'arrête.

Air : *Adieu je vous fuis, bois charmant.*

Chacun veut briller, s'enrichir,
On joue, on spécule, on raisonne,
Chacun veut se faire servir.

GOBERGEOT.

Mais nul ne veut servir personne.
Quand les valets seront changés
En maîtres aristocratiques,
Je vois les maîtres obligés
De leur servir de domestiques.

FRANÇOISE.

Écoutez donc, chacun son tour.

GOBERGEOT.

En attendant le vôtre, Françoise, vous porterez
cette lettre, à mon chef de bureau au ministère.

FRANÇOISE.

Merci, et la Bourse qui ouvre à une heure.

GOBERGEOT.

Ah! pourtant...

FRANÇOISE.

Ne vous fâchez pas, j'vas porter vot' lettre à l'une
de mes deux payses... pourvu que vot' commission
soit faite...

GOBERGEOT.

Sans doute...'ah! avant de partir viens ici, et vous
aussi M. Robin, et toi aussi, ma femme... je vous ai
réunis pour vous demander un renseignement.

TOUS, *formant un petit groupe.*

Parlez.

GOBERGEOT.

C'est au sujet du nouveau banquier chinois.

ROBIN.

M. Fich'ton-kan et compagnie.

AMÉNAÏDE, *à part.*

Dieu! saurait-il?..

GOBERGEOT.

Vous avez confiance, n'est-ce pas?

TOUS.

Si nous avons confiance...

GOBERGEOT.

C'est que voyez-vous, c'est entre ses mains que
j'ai versé mes dixièmes.

AMÉNAÏDE.

Comment, mon ami, vous avez versé...

GOBERGEOT, *à part.*

Aïe! aïe! (*haut.*) Oui, une avance que j'ai de-
mandée sur mon traitement. (*à part.*) Si elle savait
qu'il s'agit de son cachemire.

ROBIN.

Certainement, j'ai confiance... mais c'est égal, à
votre place, moi, j'aurais pas versé.

GOBERGEOT.

Pourquoi?

ROBIN.

Parce que ça ne se fait plus.. voyez plutôt, moi,
j'ai trente actions de chemin du fer sur les toits...

FRANÇOISE.

Sur les toits?

ROBIN.

Oui, de la coupole du Panthéon à l'Observatoire, avec embranchement sur les tours Notre-Dame !.. Eh bien ! je n'ai pas versé.

GOBERGEOT.

Et tu as eu tes actions ?..

ROBIN.

Sans doute.

Air : *Du curé Patience* (Loïsa Puget.)

Je vais vous enseigner
    Cette méthode
    Commode,
Je vais vous enseigner
Le vrai moyen de gagner.
Pour spéculer loyalement
Jadis il fallait de l'argent ;
Mais il n'en faut plus à présent.
L'argent n'est plus ce qu'on expose :
Par un ingénieux moyen
Gratis on augmente son bien.
Et maintenant sans risquer rien
On peut espérer quelque chose.

Voilà comme on s'y prend,
    C'est facile
    Et c'est habile,
Voilà comme on s'y prend
Pour spéculer sans argent.

Vous écrivez j'ai des millions,
Et, sans plus d'informations,
Mille promesses d'actions
Sont toujours à votre service.
A la Bourse vous vous rendez,
Ces promesses, vous les vendez,
Et sur leur gain, vous les soldez
En empochant le bénéfice

Voilà comme on s'y prend
    Pour faire
    Une bonne affaire,
Voilà comme on s'y prend
Pour s'enrichir sans argent.

Les promesses du plus grand prix,
Maintenant se donnent gratis,
Et jamais, on n'a tant promis
Sans sortir un sou de sa caisse.
Oui, sans rien risquer maintenant
D'une promesse on fait argent,
Et même quelquefois on vent
La promesse d'une promesse.

Voilà comme on s'y prend
    Cette méthode
    Est commode
Voilà comme on s'y prend,
Pour s'enrichir promptement.

TOUS.

Voilà comme on s'y prend, etc.

GOBERGEOT.

Diable ! mais alors je me suis trop pressé.

FRANÇOISE.

C'est égal, monsieur, fiez-vous au célèbre banquier chinois.

AMÉNAÏDE.

Mais Colombe qui ne revient pas... Oh ! décidément ce retard n'est pas naturel... il faut que je m'informe... que je sache... (*Elle va pour sortir, Colombe paraît au fond.*)

SCÈNE IX.

LES MÊMES, COLOMBE.

COLOMBE.

Ouf ! je n'en puis plus.

AMÉNAÏDE.

Ah ! enfin !

COLOMBE, *à part.*

Déjà de retour !

AMÉNAÏDE.

Nous apprendrez-vous, mademoiselle...

GOBERGEOT, *à sa femme.*

Attends, bobonne, attends !.. (*à Françoise.*) Françoise, allez porter cette lettre.

FRANÇOISE.

Oui, monsieur. (*à part.*) Ça fait que je pourrai repasser à la Bourse. (*Elle sort.*)

GOBERGEOT.

Merci, monsieur Robin, vous pouvez redescendre à votre loge.

ROBIN.

A ma loge, plus souvent !.. j'vas flâner devant M. Tortoni. (*Il sort.*)

GOBERGEOT.

A présent, à nous deux, Mademoiselle, d'où venez vous, s'il vous plaît ?

COLOMBE.

Mais...

AMÉNAÏDE.

Ne cherchez pas, dites la vérité.

COLOMBE, *embarrassée.*

J'étais sortie... je voulais... d'abord, vous m'aviez laissée toute seule... et...

GOBERGEOT.

Il ne s'agit pas de tout cela... d'où venez-vous,

COLOMBE.

De chez madame Durand, ma marraine, qui, vous le savez, voulait me prendre avec elle dans son magasin.

GOBERGEOT.

Ouvrière, notre fille... une demoiselle qui a hérité en 1840, d'une somme de dix mille francs.

AMÉNAÏDE.

Il est certain que si elle n'avait pas perdu, il y a cinq ans, le portefeuille qui contenait tout son héritage, Colombe serait aujourd'hui maîtresse et non pas ouvrière dans un magasin.

COLOMBE.

Vous oubliez, maman, que papa avait déjà disposé des dix mille francs, pour prendre des actions de la compagnie, pour le sauvetage du *Télémaque*, un projet tombé dans l'eau.

GOBERGEOT.

Précisément, parce que les fonds ont manqué.

COLOMBE.

C'est égal, papa, mes dix mille francs, si je ne les avais pas perdus, ne pouvaient manquer de couler à fond avec le *Télémaque*.

GOBERGEOT.

Non, mais vous allez voir qu'elle aura bien fait de les avoir perdus.

SCÈNE X.

Les mêmes, LOULOU.

LOULOU.

Ah ! papa, papa, j'ai oublié de te dire...

GOBERGEOT.

Quoi donc ?

LOULOU.

Il est venu, ce matin, ce grand qui a l'air bête... tu sais bien...

AMÉNAÏDE.

Ce grand qui a l'air bête...

LOULOU.

Pas M. Carottin.. un autre qui a l'air encore plus bête...

GOBERGEOT.

Voyons, t'expliqueras-tu ?..

LOULOU.

Tu sais bien... qui devait épouser ma sœur.

COLOMBE.

M. Dutillet.

LOULOU.

C'est ça.

GOBERGEOT.

Dutillet ! oh ! mon Dieu !

AMÉNAÏDE.

C'est juste, les affaires nous l'avaient fait oublier.

GOBERGEOT.

Et cette promesse qui nous lie.

AMÉNAÏDE.

Mais, la parole donnée, il y a dix jours, à M. Carottin ?

GOBERGEOT.

Ah ! ma foi, tant pis, nous dirons à Dutillet qu'il a trop tardé, que notre fille en aime un autre.

COLOMBE.

Mais non, papa, je n'aime personne.

GOBERGEOT.

Je t'assure que si.

COLOMBE.

Mais, je vous assure que non !

GOBERGEOT.

D'ailleurs, la question n'est pas là... il nous faut un gendre qui nous fasse honneur. Certainement, Dutillet était un parti fort convenable quand nous n'étions rien, quand nous n'avions pas le sou... mais aujourd'hui que nous sommes lancés dans les affaires... que d'un moment à l'autre je puis figurer parmi nos plus riches capitalistes... je ne puis honorer de ton alliance le fils d'un obscur paysan.

COLOMBE.

Mais, ce paysan, c'était votre cousin ; je fus élevée avec son fils. Enfants tous deux, je l'appelais mon petit mari ; il m'appelait sa petite femme.

LOULOU.

Papa, papa, voilà M. Est-y laid !

GOBERGEOT.

Est-y laid ?

LOULOU.

Ou Du tilleul, je ne sais pas.

GOBERGEOT.

Dutillet !..

LOULOU.

C'est ça !

GOBERGEOT.

Que lui dire ?

SCÈNE XI.

Les mêmes, DUTILLET.

Il est tout en désordre ; il manque un pan à son habit.

DUTILLET, *tombant sur une chaise.*

Ouf !.. je n'en puis plus !.. (*Se levant.*) Ah ! pardon, mille pardons, je ne vous voyais pas... je ne vois plus rien... je suis aveuglé... assourdi...

GOBERGEOT.

Ah ! mon Dieu ! dans quel état... d'où sortez-vous donc ?

DUTILLET.

Je n'en sais rien... je sors d'un endroit où l'on entend un bourdonnement sourd, dominé par des voix glapissantes, où l'on voit passer des hommes noirs que l'on prendrait pour des ombres s'ils ne vous marchaient pas sur les pieds, où l'on perd sa fortune, où l'on perd la tête, où j'ai perdu le pan de mon habit, où l'on est tiré à droite, à gauche, par devant, par derrière, par des gens qui vous disent ;

Air : *du Charlatanisme.*

Ligne de Paris à Berlin ,
Ligne de Bordeaux à Madère,
Ligne de Strasbourg à Pékin
Ligne de Venise à Nanterre.
De ces lignes en actions
Chacun cherche à se montrer digne,
Car il y pend des hameçons.
Et les badauds sont des poissons
Qui se laissent prendre à la ligne.

GOBERGEOT.

Monsieur, je n'ai qu'une chose à vous répondre... un homme qui calomnie la Bourse, ne sera
jamais mon gendre.

DUTILLET.

Ah ! bah !

AMÉNAÏDE.

Non, jamais notre gendre.

DUTILLET.

Permettez, permettez ; je ne vois aucun rap-
port...

COLOMBE.

Entre la Bourse et moi, merci, mon cousin.

DUTILLET.

Le ciel m'est témoin que j'adore ma cousine autant que j'exècre votre monument ; mais s'il ne fallait, pour l'épouser (pas le monument, par exemple :) ma cousine, que me ruiner de la manière la
plus niaise... mais je serais capable des plus grands
sacrifices... je prendrais des chemins de fer.

SCÈNE XII.

LES MÊMES, FRANÇOISE, *au milieu.*

FRANÇOISE.

Monsieur, j'ai remis votre lettre à ma remplaçante, elle ira la porter.

GOBERGEOT.

C'est bien !

FRANÇOISE.

Et puis je suis passée par la Bourse.. dites donc,
not' maître , y paraît qu'y a de grandes nouvelles.

GOBERGEOT ET AMÉNAÏDE.

Des nouvelles! se peut-il ?

FRANÇOISE.

M. Carottin , va vous les dire ; je l'ai laissé dans
la loge du portier, et le voilà qui monte avec lui.

GOBERGEOT ET AMÉNAÏDE, *remontant vers le fond.*

Des nouvelles de la Bourse !

COLOMBE , *s'approchant de Dutillet.*

Ayez bon espoir et ne vous laissez pas décourager.

DUTILLET.

Décourager !.. jamais ! un seul mot : m'aimez-
vous toujours?

COLOMBE.

Toujours !

DUTILLET.

Alors, je ne vous dis que ça... mais j'ai un
projet.

GOBERGEOT.

Les voilà !

COLOMBE , *à Dutillet.*

Silence!.. (*A elle-même.*) Et de mon côté, allons
examiner ces papiers. (*Elle a tiré de sa poche un
rouleau de papiers qu'elle montre au public en
sortant par la porte de gauche.*)

SCÈNE XIII.

CAROTTIN, DUTILLET, GOBERGEOT, AMÉ-
NAIDE, ROBIN, FRANÇOISE.

CAROTTIN , *entrant très essouflé.*

Grande nouvelle, grande nouvelle !

TOUS.

M. Carottin.

CAROTTIN.

Oui Carottin, votre ami, votre conseil, votre
providence... Carottin qui a su dénicher les meil-
leures affaires de la Bourse, et qui vous a tous mis
dedans.

TOUS, *l'entourant.*

Ah ! merci, notre bienfaiteur !..

ROBIN, *lui baisant un pan de son habit.*

Notre père !..

GOBERGEOT , *lui baisant l'autre pan.*

Mais , au nom du ciel, parlez, que se passe-t-il ?

TOUS.

Oui, oui, parlez... parlez...

DUTILLET.

Écoutons bien.

CAROTTIN.

Votre fortune est faite.

TOUS.

Se peut-il?

CAROTTIN.

Oui, un coup de Bourse, un coup de ciel... Le
célèbre Crapouillard vient de s'entendre avec les
sous-Paris, les sur-les-toits et l'enceinte-continue..
Plus de concurrence... Fusion des quatre compagnies, confusion des sociétés rivales, et profusions
de bénéfices...

GOBERGEOT.

Il se pourrait le célèbre Crapouillard...

CAROTTIN.

S'est décidé ; il prend tout...

AMÉNAÏDE.

Prit-il ?..

CAROTTIN.

Il prend tout sur lui... à Tortoni, on se disputait les promesses d'actions, et mon associé que j'ai laissé au milieu des groupes, doit me dépêcher un courrier si la hausse continue.

GOBERGEOT.

Crapouillard à notre tête... mais nos promesses d'actions vont doubler, tripler, quadrupler. (*A Carottin.*) A-t-on pris des précautions pour que ça n'aille pas trop loin... Crapouillard à notre tête.... Ah! la mienne s'embarrasse... je vois tout blanc... je vois tout jaune...

AMÉNAIDE.

Le blanc, c'est de l'argent.

CAROTTIN.

Le jaune, c'est de l'or.

GOBERGEOT.

Mes amis!.. mes amis, tous dans mes bras... (*Embrassant tour à tour tous les personnages qu'il nomme.*) Aménaïde, ma pauvre femme! Françoise, mon ex-bonne... et toi aussi Robin, mon ex-portier.. Ah! je pleure, je pleure.. (*A Dutillet, qui se présente pour être embrassé.*)Non, pas vous, vous n'êtes pas de mes amis, vous ne jouez pas...

DUTILLET.

Mais j'arrive éreinté du voyage... je jouerai plus tard... laissez-moi souffler...

CAROTTIN.

Souffler n'est pas jouer.

GOBERGEOT.

Et nous n'avons pas de temps à perdre... vite à la Bourse !

CAROTTIN.

Un instant; vous ne m'avez pas laissé achever. Le célèbre Crapouillard a fait ses conditions.

GOBERGEOT.

Je les accepte comme un quinze-vingt.

ROBIN, FRANÇOISE ET AMÉNAÏDE.

Moi aussi, moi aussi...

CAROTTIN.

Voilà ces conditions : Nul ne pourra prétendre à des actions de la compagnie Crapouillard, s'il ne possédait antérieurement des promesses des quatre compagnies, que la raison Crapouillard est appelée à représenter...

GOBERGEOT.

Hein?.. vous dites... je ne comprends pas trop...

DUTILLET.

Moi, non plus.

CAROTTIN.

C'est pourtant bien facile à saisir... Je vous répète que pour être admis au nombre des élus, il faut posséder tout à la fois, des sous-Paris, des sur-les-toits, des enceinte-continue, et des Crapouillard.

GOBERGEOT.

Ah! mon Dieu! se pourrait-il?

CAROTTIN

Les conseils d'administration des quatre compagnies ont adhéré...

AMÉNAÏDE.

C'est impossible... des conseils d'administration qui sont chargés de représenter les actionnaires...

CAROTTIN.

Ils les représentent toujours; mais ils ne les consultent jamais.

GOBERGEOT, *lisant ses promesses d'actions*

Ah! mon Dieu! quel enfoncement! moi qui n'ai que du sous-Paris.

AMÉNAÏDE.

Moi qui ne possède que de l'enceinte-continue.

FRANÇOISE.

Pas autre chose que des Crapouillard.

ROBIT.

Rien que du sur-les-toits... quelle tuile !...

CAROTTIN.

O prodige ! ô miracle ! ô bonheur !

TOUS.

Quoi donc ?

CAROTTIN.

Vous possédez, chacun isolément, des promesses d'actions des quatre compagnies?

GOBERGEOT.

Mais sans doute.

LES AUTRES, *présentant leurs actions.*

Voilà ! voilà!...

CAROTTIN.

Vivat! vous êtes sauvés !

TOUS.

Comment?

CAROTTIN.

Vous êtes sauvés, vous dis-je... Placez-vous là, en rond, comme au parquet de la Bourse.

GOBERGEOT.

Je comprends ; une Bourse en famille... au quatrième au-dessus de l'entre sol... Vite, des chaises pour former le cercle... et les femmes sont admises à la Bourse.

Air : *On caracole.*

Ensemble, il faut négocier.

ROBIN, FRANÇOISE.

Avec nos maîtres, c'est unique.

GOBERGEOT.

Quoi jouer avec mon portier.

AMÉNAÏDE.

Jouer avec ma domestique.

GOBERGEOT.

N'importe, quittons ce ton fier.

AMÉNAÏDE

Ou c'en est fait d'nos espérances.
(*Donnant la main à Françoise.*)
Bonne Françoise !
GOBERGEOT, *donnant la main à Robin.*
Ami si cher!

CAROTTIN, *examinant le tableau.*

Qu'on dise encor que les ch'mins de fer
Ne rapprochent pas les distances.

(*Pendant cette scène, tous les personnages ont été chercher des chaises qu'ils disposent de manière à former un rond.*)

DUTILLET, *apportant une chaise.*

Ah! je vais donc jouer, enfin.

GOBERGEOT, *le repoussant.*

Arrière! vous n'êtes pas sur le tableau des agents de change.

DUTILLET.

Mais, monsieur Gobergeot...

GOBERGEOT.

Allez, dans la coulisse... je ne vous passe que la coulisse.

DUTILLET, *se promenant avec sa chaise.*

Où prend-il la coulisse?

CAROTTIN.

Une heure... la Bourse est ouverte.

GOBERGEOT.

On demande de l'enceinte-continue...

AMÉNAÏDE.

On demande du sous-Paris...

ROBIN.

On demande du Crapouillard... pressés du Crapouillard. (*Tous ce cris se poussent à la fois, chacun parle en même temps comme au parquet de la Bourse.*)

FRANÇOISE.

Du Crapouillard, j'en ai.

ROBIN.

Hein! deux sur les toits pour deux Crapouillard.

FRANÇOISE.

Vous êtes encore bon enfant... le Crapouillard est en hausse... Deux Crapouillard contre quatre sur les toits...

ROBIN, *donnant quatre actions contre deux.*

Tenez... vous pouvez vous flatter d'être une fière Arabe... (*Ici les cris recommencent.*)

CAROTTIN.

Bravo! ça marche! (*criant à la manière des crieurs de la Bourse.*) Le Crapouillard est en hausse...

GOBERGEOT.

Eh! bien! femme, ça va-t-il?

AMÉNAÏDE

Comme je vous l'ai dit... deux sous-Paris contre une enceinte...

AMÉNAÏDE.

Je prends du Crapouillard... qui est-ce qui me passe du Crapouillard?

FRANÇOISE.

J'ai encore deux Crapouillard.

AMÉNAÏDE.

Françoise, deux Enceinte, contre un Crapouillard.

CAROTTIN, *criant.*

Le Crapouillard est très recherché.

AMÉNAÏDE.

Françoise, je t'en supplie...

FRANÇOISE, *échangeant avec Aménaïde.*

Ah! madame, c'est bien parce que c'est vous...

AMÉNAÏDE.

Enfin, j'ai de tout.

ROBIN.

Moi aussi.

FRANÇOISE.

Moi aussi.

GOBERGEOT.

Un instant... moi, je n'ai pas de Crapouillard.

DUTILLET, *qui, pendant toute cette scène, est allé de l'un à l'autre, sans comprendre, à part.*

A présent, je crois comprendre le jeu. (*touchant Gobergeot sur l'épaule*) Pardon, auriez-vous du Crapouillard?

GOBERGEOT.

Hein?.. vous dites que vous avez du Crapouillard?

DUTILLET.

Non, je vous demande si vous avez du Crapouillard?

GOBERGEOT.

Allez à tous les diables!...

DUTILLET.

Il paraît que je ne comprends pas encore.... Allons à la Bourse. (*Il sort et se jette sur un commissionnaire qui entre.*)

LE COMMISSIONNAIRE.

Prenez donc garde!

DUTILLET.

Faites donc attention!

SCÈNE XIV.

LES MÊMES, *moins Dutillet.* UN COMMISSIONNAIRE.

GOBERGEOT.

Mais c'est une horreur! c'est une infamie!

LE COMMISSIONNAIRE.

Au quatrième au dessus de l'entrechol, che doit être ichi.

GOBERGOT.

Eh! quoi! je perdrais tout, faute d'un Crapouillard?..

LE COMMISSIONNAIRE.

Hein! qu'est che qui parle de Crapouillard?..

GOBERGEOT.

Vous en auriez?.. il en aurait!.. ah! savoyard, serait-il vrai que vous eussiez du Crapouillard?..

LE COMMISSIONNAIRE.

Eh! chans doute, deux promesses d'actions qu'un monsieur de Tortoni, il m'a données pour apporter cette lettre... j'aurais mieux aimé quinze sous, oui dà!

GOBERGEOT.

Quinze sous.. tenez en voilà vingt, en voilà trente et souffrez que je vous embrasse...

LE COMMISSIONNAIRE.

J'aurais mieux aimé trente-deux chous. (*Il sort.*)

AMÉNAÏDE.

Mais, cette lettre pour qui est-elle?..

GOBERGEOT.

Ah! c'est juste!

CAROTTIN, *s'en emparant.*

De mon associé!

GOBERGEOT.

De son associé... il ne devait lui écrire qui si la hausse continuait...

(*Chantant et dansant.*)

Tra dé ri dé ra, dé ri
Dé ri dé ra.

CAROTTIN, *qui a commencé à lire.*

Ah! mon Dieu!

GOBERGEOT.

Hein! qu'y a-t-il?

CAROTTIN.

Quel coup de foudre!

GOBERGEOT, *aux autres.*

Il paraît que ça monte... que ça a monté...

CAROTTIN.

Tout est perdu!..

TOUS.

Que dites-vous?

CAROTTIN.

Écoutez.

GOBERGEOT.

Je n'écoute rien, j'ai du Crapouillard...

CAROTTIN.

Ecoutez, de grâce... quel bouillon!.. (*lisant*) « Le banquier Fich' ton-kan vient de prendre la » fuite avec le produit de tous les dixièmes réalisés » sur les promesses d'actions des quatre compa- » gnies : Crapouillard se retire; les actions sont » tombées à... (*S'interrompant.*) Il y a de la pou- » dre, je ne puis pas lire...

GOBERGEOT, *lui arrachant le papier et lisant.*

A zéro...

CHŒUR.

Air : *Déjà la foudre gronde.*

Ah! c'est une infamie!
C'est une barbarie,
C'est un assassinat,
C'est un vol, c'est un crime,
Ah! je suis la victime
D'un affreux scélérat.

GOBERGEOT.

Eh! quoi! plus de ressource,

ROBIN.

Ah! courons à la Bourse.

FRANÇOISE.

Je vous suis.

GOBERGEOT.

Desespoir !

CAROTTIN.

A peine je respire !

GOBERGEOT, *regardant sa femme.*

Ciel ! et son cachemire !

AMÉNAÏDE, *regardant son mari.*

Ciel ! et son habit noir !

REPRISE.

Ah ! c'est une infamie etc.

(*Carottin, Robin et Françoise sortent*)

SCÈNE XV.

GOBERGEOT, AMÉNAÏDE.

GOBERGEOT, *se prenant la tête à deux mains.*

Ruiné, spolié par un banquier chinois.

AMÉNAÏDE,

Calmez-vous, mon ami...

GOBERGEOT.

Ne m'approchez pas, Aménaïde... j'ai peur de devenir enragé, je vous mordrais...

AMÉNAÏDE.

Ah! mon Dieu! je me mets bien à votre place.

GOBERGEOT.

Ma place!.. juste ciel! j'avais oublié... ma place! mais quelqu'un doit s'y être mis à ma place...

AMÉNAÏDE.

Et quoi! cette lettre à ton chef?..

GOBERGEOT.

Un tissu d'impertinences... je terminais en lui disant : Et rappelez-vous que je ne suis pas votre serviteur...

AMÉNAÏDE.

Miséricorde ! s'il l'avait pris au mot.

GOBERGEOT.

Il m'aura pris au mot sans miséricorde.

AMÉNAÏDE

Que faire, mon Dieu !

GOBERGEOT.

Ah! quelle idée! si j'allais me jeter aux genoux du ministère... si je lui disais : Monseigneur, la fortune m'a tourné la tête... Un ministre doit con- naître ça!.. oui, oui, tout peut encore se réparer... il ne s'agit que de prévenir la décision. (*ôtant son habit.*) Aménaïde, vite, mon habit neuf... tout ce que j'ai de neuf...

AMÉNAÏDE, *à part.*

Son habit... que devenir? comment oser lui dé- clarer...

GOBERGEOT.

Allons donc, allons donc, cet habit... O i, Monseigneur, lui dirai-je, la Bourse m'a ruiné... pitié. pitié pour un homme à découvert.

AMÉNAÏDE, *à part.*

A découvert... il l'est plus qu'il ne le croit.

GOBERGEOT.

Pour la troisième fois, Aménaïde, cet habit, je le veux, j'en ai besoin, il me le faut .. Que diable ! j'ai un habit neuf ou je n'en ai pas...

AMÉNAÏDE, *à part.*

Il n'en a plus, le malheureux... et c'est moi...

GOBERGEOT, *faisant un mouvement pour se diriger vers l'armoire de droite*

Allons, puisque tu ne veux absolument pas te déranger...

AMÉNAÏDE.

Non, vous n'irez pas chez le ministre...

GOBERGEOT.

Qu'est-ce à dire ?..

AMÉNAÏDE.

Pour vous humilier, pour compromettre votre dignité... non, Monsieur, non, la fierté sied bien au malheur...

GOBERGEOT.

Mais un habit sied encore mieux à un homme en chemise...

AMÉNAÏDE.

Écoutez-moi, j'ai été jadis marraine avec M. Pompadour, votre chef de bureau... un compère n'a rien à refuser à sa commère... J'irai le solliciter, l'implorer, le désarmer... vous rentrerez dans votre place sans avoir à rougir d'une bassesse. (*à part.*) Et moi d'un abus de confiance...

GOBERGEOT.

Tu le veux ?..

AMÉNAÏDE.

Je l'exige.

GOBERGEOT.

Alors, va vite et prends un omnibus... non ça te retarderait... prends un fiacre, un milord, une citadine, prends tout ce que tu voudras... mais va, court, vite...

AMÉNAÏDE.

Vite, mon ami, allez me chercher mon cachemire et mes boucles d'oreilles de diamants...

GOBERGEOT, *à part.*

Son cachemire... ses boucles d'oreilles de... (*Se laissant aller sur un fauteuil.*) Ah! je m'en vais, je m'affaisse... je me trouve mal.

AMÉNAÏDE, *regardant son mari.*

Eh bien ! Monsieur ?..

GOGERGEOT, *à part.*

Le coup d'œil d'un juge d'instruction...

AMÉNAÏDE.

Me voilà coiffée, vous voyez bien qu'il faut que je m'habille...

GOBERGEOT, *à part.*

Et je ne puis rentrer sous terre , comme à l'Opéra... Ah! dans ma position, je donnerais

gros d'un appartement un peu machiné...

AMÉNAÏDE, *se dirigeant vers l'armoire de gauche.*

Allons, puisque vous n'avez pas la moindre complaisance...

GOBERGEOT.

Non Madame, vous n'irez pas chez M. Pompadour...

AMÉNAÏDE.

Par exemple !

GOBERGEOT.

C'est pour l'exemple qu'il faut dire, pour l'exemple des femmes d'employés qui seraient tentées de vous imiter... ce n'est pas parce que c'est mon chef, mais ce Pompadour est très vicieux... Il n'augmente que les employés qui ont de jolies femmes, (*La conduisant devant la glace.*) Regardez si je dois être jaloux...

AMÉNAÏDE.

Jaloux d'un homme qui jusqu'à présent a tout fait pour vous...

GOBERGEOT.

Raison de plus, je ne veux pas que cela continue... j'irai chez le ministre moi-même... mon habit.

AMÉNAÏDE.

Du tout ; c'est moi qui prétends aller chez votre chef... mon cachemire...

GOBERGEOT.

Mon habit.

AMÉNAÏDE.

Mon cachemire.

GOBERGEOT.

Mon habit.

AMÉNAÏDE.

Mon cachemire.

GOBERGEOT, *courant à l'armoire de droite*

Ah! vous ne voulez pas... je saurai bien...

AMÉNAÏDE, *courant à l'armoire de gauche.*

La bombe va éclater... raison de plus, vite mon cachemire.

GOBERGEOT, *qui a ouvert l'armoire où doivent se trouver ses habits.*

Rien !..

AMÉNAÏDE, *de même.*

Rien !..

TOUS DEUX, *après un moment de silence, pendant lequel ils se regardent avec étonnement.*

Si fait, un petit papier. (*Ils s'approchent silencieusement de la rampe et ouvrent en même temps une reconnaissance du Mont de Piété.*

GOBERGEOT.

Air : *du Château perdu.*

Mont de Piété !

AMÉNAÏDE.

Mont de Piété qu'apprends-je'

GOBERGEOT.
Mon habit neuf est au Mont de Piété.

AMÉNAÏDE.
Mon cachemire ! ah ! quel mystère étrange
Expliquez-vous...

GOBERGEOT.
Dites la vérité.

AMÉNAÏDE.
Des versements l'époque était venue.

GOBERGEOT.
Des actions on exigeait le prix.

AMÉNAÏDE.
L'habit paya l'enceinte-continue.

GOBERGEOT.
Ton cachemire est resté sous-Paris.

GOBERGEOT.
Et dire quevoilà ce qui reste de ces promesses
d'actions... un vol de mari à femme.

AMÉNAÏDE.
Maintenant, impossible d'aller chez M. Pompadour...

GOBERGEOT.
Encore plus impossible d'aller chez le ministre..

AMÉNAÏDE, *comme frappée d'une idée.*
Ah ! Dutillet... ce jeune homme que nous avons
repoussé parce qu'il ne jouait pas à la Bourse...

GOBERGEOT.
Eh bien !

AMÉNAÏDE.
Il a hérité de son parrain, il aime notre fille... et
ce n'est pas lui qui aurait suivi nos perfides conseils...

GOBERGEOT.
Heureusement pour lui...

AMÉNAÏDE.
Alors, du courage... Dutillet nous aidera de sa
bourse, de son crédit, et puis il pourra solliciter
pour vous, il a un bon cœur...

GOBERGEOT.
Un bon cœur et un habit... allons, tu me con-
soles, tu m'encourages... Comme c'est heureux
pourtant qu'il n'ait pas joué à la Bourse !

SCÈNE XVI.

LES MÊMES, DUTILLET.

DUTILLET, *accourant.*

Je sors de la coulisse.

GOBERGEOT et AMÉNAÏDE.
Dutillet !...

DUTILLET.
Ah ! heureusement je vous trouve... Beau-père,
votre main ; à présent je suis digne de vous et de la
charmante Colombe...

GOBERGEOT.
Mais, jeune homme, vous avez toujours été digne
de moi, digne de mon épouse, digne de ma fille.

DUTILLET.
Non pas, non pas : j'avais des préjugés, des
idées étroites... mais rassurez-vous, je me suis
corrigé...

AMÉNAÏDE.
Et de quoi avez-vous pu vous corriger, vous qui
étiez la sagesse, la prudence en personne...

GOBERGEOT.
Vous qui aviez en horreur la Bourse.

DUTILLET.
C'est là que je vous attendais... oui, je l'avoue,
j'avais la niaiserie de ne pas comprendre cet admi-
rable mécanisme qu'on nomme l'agiotage... j'étais
un barbare, un aveugle... mais vos conseils...
l'exemple... et mon amour pour votre fille... je ne
vous dis que cela...

GOBERGEOT, *à part.*
Ah ! mon Dieu, il me fait trembler...

AMÉNAÏDE, *à part.*
J'ai peur de le comprendre.

DUTILLET.
Beau-père, si vous en voulez, je vous en recé-
derai.

GOBERGEOT.
Eh ! de quoi, mon Dieu !

DUTILLET.
Des promesses d'actions.

GOBERGEOT.
Malheureux, vous auriez joué...

DUTILLET.
Très bien...

AMÉNAÏDE.
Vous auriez compromis une partie de votre fortune...

DUTILLET.
Ma fortune tout entière.

GOBERGEOT.
Ah ! c'est fini, le diable est dans la maison. Le
plancher va s'effondrer, le plafond va nous tom-
ber sur la tête... Aménaïde, allons-nous-en sans
payer le terme...

DUTILLET.
Que dites-vous ?.. mais c'est vous-même qui
m'avez conseillé...

GOBERGEOT.
Vous verrez bientôt si les conseilleurs sont les
payeurs...

AMÉNAÏDE.
Voyons, voyons, calmez-vous, il est possible
que M. Dutillet ait fait un bon placement.

DUTILLET.
Un placement magnifique... 300 actions du
chemin de fer de Pampelune à Toboso.

GOBERGEOT.
Insensé !.. mais il y a six mois que ça ne se
cote plus et qu'on en fait des cocottes...

DUTILLET.
Permettez, permettez... avec hypothèque sur les
Cortès...

GOBERGEOT.

Les Cortès... ah! vous me faites rire... (*Riant d'un rire forcé.*) Tenez, je ris... je ris de bon cœur... ris donc aussi, ma femme.

SCÈNE XVII.

LES MÊMES, COLOMBE.

COLOMBE.

Ah! mon Dieu! ces cris, cette dispute... qu'est-ce que cela signifie?..

GOBERGEOT.

Ce que cela signifie, ma fille?.. que j'ai tout perdu, que ta mère a tout perdu et que monsieur est en train de tout perdre.

DUTILLET.

Si j'ai joué, Colombe... M. Gobergeot, vous savez à qui la faute...

GOBERGEOT, *se tordant les bras.*

Rien, plus rien...

COLOMBE.

Et votre bonne fille donc...

GOBERGEOT.

Une fille qui perd des dix mille francs... ayez donc de la famille.

COLOMBE.

Et si ces dix mille francs n'avaient jamais été perdus.

TOUS.

Hein! que dit-elle?

COLOMBE.

Oui, mon père, ma marraine, connaissant votre passion pour les jeux de hasard, votre projet d'exposer ces dix mille francs dans une entreprise qu'elle savait impossible, a voulu me conserver cet héritage, mon seul bien, et m'a fait mentir pour conserver notre petite fortune.

GOBERGEOT.

Je pleure... ah! je pleure... viens que je t'embrasse... embrasse ta mère... embrasse même Dutillet...

DUTILLET.

Oh triple sot, triple animal que je suis!..

SCÈNE XVIII.

LES MÊMES, CAROTTIN.

CAROTTIN.

C'est pyramidal, phénoménal, et tous les adjectifs en al... je dirai même mieux, c'est que le gouvernement espagnol n'est qu'un animal.

GOBERGEOT.

Hein? quoi? qu'est-ce? encore un malheur?

CAROTTIN.

Non, un bonheur; mais pas pour nous, pour ceux qui en ont.

GOBERGEOT.

Qui ont de quoi!

CAROTTIN.

Du chemin de fer de Pampelune au Toboso.... Une hausse de cent francs par action... Imbécile de gouvernement qui reconnaît les Cortès et qui ne prévient pas...

GOBERGEOT.

Dutillet, mon gendre, vous voilà millionnaire.

DUTILLET.

Millionnaire! ah! bah! (*Embrassant Colombe.*) Je puis embrasser...

CAROTTIN, *à Gobergeot.*

Embrasser ma future...

GOBERGEOT, *lui montrant la porte.*

Votre future, monsieur, vous voyez cette porte, je ne vous dis pas autre chose...

CAROTTIN.

Cette pantomime est loin d'être polie...

SCÈNE XIX.

LES MÊMES, FRANÇOISE *puis* ROBIN.

FRANÇOISE.

Monsieur voudra-t-il me garder à son service et m'excuser une dernière fois; car ma remplaçante n'a pas porté votre lettre.

GOBERGEOT, *déchirant la lettre.*

Mais alors j'ai retrouvé ma place.

AMÉNAÏDE.

Comme c'est heureux!

ROBIN, *entrant.*

Monsieur voudra-t-il parler au propriétaire pour un fidèle concierge plein de repentir...

GOBERGEOT.

Sois tranquille...

ROBIN.

Je vous en prie, dites-lui que j'ai du repentir... moi d'abord, j'ai toujours respecté les propriétaires, je n'ai jamais varié. Vivent les propriétaires!

CAROTTIN.

Mon cher Gobergeot, je me retire navré; mais si plus tard il vous reprenait de tenter quelques opérations...

GOBERGEOT.

Bien obligé, mais désormais je ne jouerai plus qu'aux dominos.

FRANÇOISE.

Moi à la bataille.

ROBIN.

Moi aux quilles.

COLOMBE, *présentant Dutillet.*

Et nous autres au mariage.

DUTILLET.

Air : *Vaudeville des Nouvelles à la main.*

Malgré toute notre adresse,
A la Bourse on craint la baisse ,
Elle menace sans cesse
Le joueur imprévoyant.
Mais l'amour que l'on partage
Double toujours en ménage:
Jouons donc au mariage,
Et tous les mois, fin courant :
    Cà mont'ra ,
Notre amour s'augmentera,
    Cà mont'ra,
Jamais çà n'arrêtera.

COLOMBE.

Pour notre plus belle scène,
La tragique Melpomène
Chercha longtemps une reine
Quand Duchesnois expira.
La recette était moins bonne :
Mais Rachel dans Hermione
Vint ramasser sa couronne
Et le caissier s'écria :
    Ca r'mont'ra ,
Le sceptre lui reviendra,
    Cà r'mont'ra,
Et Rachel règnera.

FRANÇOISE.

Tant qu'un maître, qui bougonne,
Qui liarde, quisermonne,
Aux mémoires de sa bonne
Sottement regardera,
Gare aux dépenses secrètes,
Beurre, épinards, ciboulettes,
Bott's d'oignons, bott's d'allumettes,
Chaque fois qu'elle descendra:
    Cà mont'ra.
L'ans' du panier dansera.
    Cà mont'ra,
Je n'vois pas d'mal à çà.

ROBIN.

Du premier jusqu'au deuxième,
Du deuxièm' jusqu'au troisième,
Bref, du troisième au septième
On fait grimper les portiers.
Chaque marche est fatiguante,

Chaque étage en a soixante;
Ah ! jusqu'à ce qu'on invente
Des maisons sans escaliers :
    Cà mont'ra,
Le portier s'éreintera.
    Cà montr'a,
L' gouvernement devrait bien s'occuper d'changer.

MADAME GOBERGEOT.

Lorsque je devins sa femme,
M'aimant de toute son âme,
Mon mari, tout feu, tout flamme
M'embrassait soir et matin.
Hélas ! malgré sa tendresse,
Tous les jours sa flamme baisse,
Aussi maintenant sans cesse,
Je répète ; mais envain :
    Cà r'mont'ra   (*bis*)
J'ai bien souvent dit cela,
    Cà r'mont'ra :
Mais ne parlons pas d'çà.

CAROTTIN.

Voyant les appas d'Hortense,
Appas de riche apparence,
A treize ans, Lise commence
A rêver de temps en temps.
De la nature en silence
Elle accuse l'indolence,
Lise un peu de patience,
Tu verras qu'avant deux ans·
    Cà mont'ra,
Quand l'amour s'éveillera,
    Cà mont'ra,
Puis çà déclinera.

GOBERGEOT, *au public.*

A ma sottise fidèle,
Sur cette pièce nouvelle
Qu'on me disait bonne et belle ,
J'ai pris deux cents actions.
Faites que le ciel m'exauce,
Messieurs, poussez à la hausse,
Si ma ligne n'est pas fausse
A cent représentations...
    Cà mont'ra,   (*bis*)
Quand de vous dépend cela,
    Cà mont'ra,
Dites, que ça mont'ra là !

FIN.